AF278627

LETTRE

A UN MEMBRE

DE LA CHAMBRE DES DÉPUTES.

AVERTISSEMENT.

Un ami, dont j'estime les opinions, vient de m'adresser la lettre suivante. Comme les principes m'en paraissent sages et solides, je n'hésite pas à la rendre publique, persuadé que l'auteur ne désavouera pas une démarche qui peut être utile aux autres, sans lui être nuisible à lui-même.

De C......,
Membre de la chambre des députés.

28 octobre 1816.

LETTRE

A UN MEMBRE

DE LA CHAMBRE DES DÉPUTÉS,

25 octobre 1816.

Monsieur,

J'avais aspiré à l'honneur d'être votre collègue. Le sort et les opinions en ont décidé autrement. Je dois m'en réjouir, si Sparte a trouvé trois cents citoyens meilleurs que moi : mais, s'il m'est interdit d'énoncer mes idées à votre tribune, il m'est du moins permis de vous offrir mes réflexions sur quelques objets de délibération qui, par leur nature, semblent demander que leur examen ne soit pas long-temps différé. Ces idées seront écrites à la hâte, mais elles n'ont pas été méditées de même, et vous ferez peut-être grâce à la forme en faveur du fond.

Je me propose de vous entretenir des travaux de la session qui va s'ouvrir, et seulement de ceux qui semblent appeler le plus impérieusement l'attention de la chambre. Il en est de deux sortes. Les uns consistent à donner à l'État les bases que sa constitution admet et exige ; les autres, à vous donner des bases à vous-mêmes. Cette seconde partie, qui peut sembler au premier coup-d'œil la moins importante des deux, doit cependant passer de droit la première, par la raison qu'on ne peut assurer la fondation sans assurer d'abord les fondateurs.

L'existence des députés, et par conséquent celle du moteur de l'État, du parlement dont vous êtes une part indivise ; cette existence est encore précaire. Élus sans loi constitutionnelle, nommés par des électeurs sans titre constitutionnel, dénués des deux palladium constitutionnels de votre indépendance, la liberté de la presse que vos prédécesseurs ont suspendue, et la responsabilité des ministres qu'ils n'ont pas établie ; vous n'avez encore d'autre appui que la lettre de la charte contre des prétentions qui menacent d'en altérer l'esprit. Il importe, pour pouvoir vous livrer avec confiance à la législation de l'État, que vous commenciez par consolider votre propre existence, pour qu'elle jouisse à l'avenir de ses droits d'une manière régulière et invariable.

Il pourra donc vous paraître utile de considérer les lois qui doivent vous occuper comme divisées en deux parts, dont l'une, qui ne souffre aucun retard, comprendra tout ce qui doit compléter l'organisation du parlement; et l'autre, qui, bien qu'aussi pressée, commande cependant plus de lenteur, comprendra tout ce qui doit consolider l'organisation de l'État.

Quant à cette seconde partie, il serait téméraire, en sortant d'une session de sept mois, qui n'a pu même entrer dans la carrière, d'imaginer que la vôtre pourra l'achever. Les vœux doivent se borner à voir votre sagesse d'accord avec un ministère bien inspiré, la mesurer, la diviser, y assurer à chaque loi fondamentale sa place, ses éléments et ses régulations préliminaires; montrer ainsi à l'État un but fixe et un repos assuré; tracer aux sessions prochaines une ligne déterminée, où il n'y ait plus qu'à appliquer les principes arrêtés, à mesure que les circonstances en permettront l'emploi; enfin jeter dans l'avenir des semences qu'on verra germer en leur saison convenable.

Dans une seconde lettre, j'essaierai, M., de vous entretenir de ces grands intérêts. Je dois me borner aujourd'hui à vous parler de ceux qui sont personnels à la chambre, c'est-à-dire, de ce qui tend à consolider et affermir sa propre constitution, pour la rendre telle qu'elle est voulue par la charte.

Des Démarches préliminaires.

Tout corps, avant d'agir en cette qualité, doit constater qu'il la possède. C'est dans cette vue que l'assemblée commence par vérifier les pouvoirs et juger, dans l'étendue de sa compétence, les questions et griefs relatifs à sa formation. Cette mesure préliminaire, M., sera peut-être d'une haute importance à l'ouverture de cette nouvelle session; et on verra la nation y porter une attention particulière, à raison de la division qui a éclaté dans les colléges électoraux. Des réclamations ont retenti dans les provinces sur le genre, le degré, la publicité, la légitimité de l'influence qu'on y a cru exercée au nom du ministère. On ne peut se dissimuler qu'elles forment un cri violent et général. Cependant les hommes sensés ne jugent pas sur un cri, et même ils inclinent quelquefois à préjuger contre. Je pense, d'ailleurs, qu'il importe d'établir une distinction dans les imputations de ce genre, pour ne pas risquer de se les exagérer. Toutes les fois qu'une intrigue a lieu dans le corps électoral même, c'est-à-dire, entre les électeurs ; si tortueuse, ou si violente, ou si scandaleuse soit-elle dans ses moyens ou dans son but, fût-elle enfin damnable devant Dieu, elle est légitime devant les hommes : ce serait vous insulter, M., que d'en déduire les raisons. Mais une intrigue dirigée par un étranger sur le corps électoral, ou par une partie de ce corps contre l'autre ; mais des séductions ou des menaces exercées en son nom ; des exclusions ou des nominations désignées par lui ; enfin toute intervention d'une puissance étrangère dans l'acte le plus libre du gouvernement représentatif ; toutes ces choses, si modérées, si justes, si honnêtes qu'elles puissent être ; fussent-elles enfin apostoliques devant Dieu, sont nécessairement illégitimes devant les hommes.

C'est donc seulement de ces dernières que les hommes pourraient se croire fondés à se plaindre : mais, avant de l'entreprendre, ils doivent réfléchir que, s'il est vrai que de pareils exemples se rencontrent de loin en loin, il est peu probable qu'on risque de les prodiguer jusqu'au scandale et d'en livrer des preuves ; que, plus ceux qui exercent des influences sont puissants, plus ils ont d'intérêt à les dissimuler ; et que, plus les torts viennent d'en haut, plus le mystère les couvre.

D'après ces considérations , les amis de l'ordre doivent desirer que les plaintes élevées dans les provinces ne se reproduisent pas dans la chambre , à moins qu'elles ne se trouvent fondées sur un corps de preuves tellement irrécusables , qu'on pût craindre de se montrer , au contraire, ennemi de l'ordre en les passant sous silence. Mais , dans ce cas même , des hommes sages doivent bien distinguer l'usage qu'ils peuvent ou doivent en faire , et ne pas l'outrer par un sentiment droit , mais exalté. Ils peuvent y trouver des sujets de reproche ou d'accusation contre un ministre ; mais ils ne doivent pas y chercher des sujets de nullité contre les élections. L'un ne compromet que le ministère , ce qui n'est qu'une chance ordinaire du gouvernement représentatif ; l'autre compromettrait la marche des affaires et les intérêts de l'État même.

Soit donc qu'il y ait lieu , ou non , de faire le procès à la légitimité des influences , aucun ne doit être intenté à celle des élections : et en effet, M. , ces deux questions se séparent naturellement. Des efforts peuvent être reconnus puissants et efficaces , sans qu'un fait , leur fût-il conforme, soit reconnu pour leur résultat nécessaire ; si vous supposiez, s'il était même prouvé qu'un ministre eût exercé dans le département de la Haute-Garonne une puissante influence pour y provoquer des choix royalistes, serait-il juste, en les voyant tels, d'en conclure qu'ils sont son ouvrage?

Toute question sur les élections faites étant donc écartée, il sera peut-être juste d'examiner s'il doit en être de même des élections qui n'ont pas eu lieu. Doit-on, M., passer sous silence la représentation nulle ou incomplète de quelques départemens? C'est une question. La charte ne l'a pas prévue, ni n'a peut-être dû la prévoir : nulle loi n'y a pourvu : seulement on lit, à l'article 35 du réglement de la chambre : « La présence de la majorité des » députés des départemens est nécessaire pour » la validité des votes de la chambre ; » mais cette décision ne s'applique qu'à la régularité des délibérations, et un réglement de police intérieure ne peut tenir la place d'une loi d'État que l'expérience semble démontrer nécessaire, surtout à une époque où le nombre des représentans se trouve déjà réduit à un cercle plus étroit. Il faudrait peut-être, dans la règle, que cette question fût résolue avant que la chambre se regardât comme constituée ; mais cette règle, fût-elle indubitable en droit, serait mortelle dans le fait. Si la chambre admettait en principe de ne se regarder comme complète qu'après un supplément d'élection que de nouveaux obstacles pourraient traverser, on ne pourrait prévoir de termes aux difficultés. Il y a du péril à ressaisir dans les détails un principe qu'on a abandonné dans sa masse. Il sera donc sage de se laisser aller ici à l'irrégularité par un esprit de conséquence, et de se borner à la rectifier le mieux possible. Je pense donc que, si le principe de compléter la représentation vient à être reconnu, il doit l'être par la chambre déjà constituée ; et que, par la même raison, on doit en ajourner l'effet à la seconde session, afin de pouvoir appliquer le nouveau système électoral aux élections supplémentaires. Tout cela sera irrégulier, sans doute, et de plus d'une manière ; mais puisqu'il faut l'être, quelque parti qu'on prenne, on doit préférer, non pas la moindre irrégularité, mais celle qui produit le moindre mal.

Du premier Acte de la chambre.

La chambre, une fois constituée, commencera, peut-être, par examiner la situation étrange où la France se trouve placée, et ce que ses députés peuvent devoir à de telles circonstances. Elle verra que dans chaque collége, formé par un système ancien et défectueux, deux partis se sont trouvés en présence en nombre à peu près égal, compensation faite des diverses assemblées; le premier, composé en général de propriétaires, tous ennemis de la révolution, de ses maîtres et de ses principes; n'ayant donné de gages qu'à la famille de leurs Rois, et auxquels, pendant vingt-trois ans, nul n'a disputé le titre de royalistes; l'autre formé, en plus grande partie, d'hommes de robe, d'officiers publics et de fonctionnaires publics qui, plus ou moins placés par leur état dans la sphère de la révolution, professent naturellement moins de haine pour elle, et dont beaucoup ne portent le nom de royalistes que depuis trente mois, sauf l'interrègne.

Sans m'arrêter à considérer si ces deux partis, en supposant leur nombre égal, forment un réel équilibre, lequel des deux a plus de poids dans l'Etat et plus de droits dans sa représentation, toutes questions qui appartiennent à la discussion du système électoral, je me bornerai, M., à vous parler du projet de déclaration dont on s'entretient parmi vos collègues. Beaucoup d'entre eux paraissent croire que la chambre doit, avant tout, rassurer et même rapprocher les esprits en ouvrant sa session par une déclaration précise et détaillée de ses principes et de son but, dont la charte ne lui interdit pas l'expression. Qu'elle doit surtout rendre un solennel hommage à cette honorable chambre qui l'a précédée, et où la France semblait s'être parée, aux yeux de l'Europe, de tout ce qui lui restait de vertus, comme pour lui montrer la véritable armée de ses rois. Enfin qu'elle doit y spécifier d'avance, pour y revenir dans le cours de la session, quel est son vœu sur chacun des grands intérêts de l'Etat, et sur quelles bases solides elle aspire à les poser. Quelques-uns pensent même que, si cette déclaration venait à être écartée par la discussion, ceux qui l'auraient provoquée ou soutenue, devraient à leur conscience de la faire connaître comme la simple expression de leur vœu personnel. Je dois me borner à présenter cette démarche à vos réflexions. Je jugerais peut-être mal par moi-même de son degré d'utilité au fond ; mais je dois dire, quant à sa forme, que si elle avait lieu, tout devrait y être basé sur la plus scrupuleuse observation de la lettre de la charte, et sur la plus ferme et loyale fidélité à ses principes.

La chambre croira surtout devoir être attentive, dans ses premières opérations comme dans les suivantes, à ne jamais perdre de vue cette modération, seule langue de la raison, qui est

belle dans le plus fort, noble dans le plus faible, qui a usé une révolution, et qui peut en
user d'autres. Dans le parlement d'Angleterre,
les ministres sont endurcis aux injures, le public accoutumé aux discussions, et, si fous
soient les individus, la chambre est toujours
sage : mais en France, où on n'a pas vieilli sur
ces habitudes, on écoute les voix isolées pour
en demander compte à la chambre. C'est un
travers dont on se corrigera un jour; mais il
existe; la malveillance l'emploie dans ses cal-
culs, et la sagesse doit le faire entrer dans les
siens.

Il faut cependant s'expliquer, M., sur cette
modération qui, depuis long-temps, est pour
beaucoup de gens la chose dont on use le
moins, et le mot dont on use le plus. Elle ne
consiste pas dans un plat milieu entre le vice et
la vertu, dans une lâche fusion de l'honneur et
de la honte, dans un amalgame des contraires,
et dans une route terre à terre, entre le juste
et l'injuste : toutes ces choses ne sont que vice
qui se pare d'un nom de vertu, ou faiblesse qui
se pare d'un titre de force. La modération consiste dans une droiture de principes inébranla-
ble, mais en même temps simple, douce et même
modeste; exempte d'emportement, de sarcasme
et d'amertume; discutant sans dispute, réfutant

sans offense, calme enfin comme l'est une bonne conscience, et dont l'intime conviction ne prend point forme d'insulte à la conviction des autres. Le parti qui aura une pareille arme n'a pas besoin de se compter ; il sera toujours le parti vainqueur, ou, s'il cesse un temps de l'être, il sera toujours le parti juste, et il lui suffira de cette victoire.

De la liberté de la presse.

Cette question-ci, M., toute usée qu'elle paraît être, est cependant bien délicate encore dans un pays tel que la France. En Angleterre, on est dispensé d'y réflechir ; le gouvernement représentatif y vit depuis plusieurs siècles, y est régularisé depuis cent vingt-huit ans : il est majeur, usant et jouissant de ses droits ; personne ne les lui conteste. En France, on se trouve tout-à-coup en possession du gouvernement anglais ; mais il ne fait que naître ; il y est encore enveloppé dans ses langes, et cependant, si on veut qu'il profite, il faut craindre de l'y trop serrer ; il faut surtout ne le pas sevrer de ses vrais aliments.

Le premier de ces aliments est, il faut l'avouer, la liberté de la presse : puisque dans ce système, tous (c'est-à-dire tous ceux qui ont droit de se dire la nation) ont part active ou facultative au gouvernement; tous ont droit d'entendre et d'opiner sur ce qui le concerne. L'opinion publique y est le régulateur de l'Etat : la presse, qui est son organe, y jouit donc nécessairement d'une entière liberté. On peut nier que cette liberté convienne à la France, comme on peut nier que ce gouvernement lui convienne; c'est une question de droit fort indifférente ici. Il nous suffit qu'on ne puisse nier que l'une est la conséquence inévitable de l'autre.

Et remarquons, M.; que quelques nations modernes en sont venues à ce point de malheur, que cet organe de l'opinion, qui règne en même temps sur elle comme elle sur le gouvernement, exerce son empire, non par des livres qui pèsent, mais par des feuilles qui volent; que chaque matin la lumière qui éclaire et la lumière qui aveugle, rapide comme celle qui nous vient du soleil, se répand pour deux sous de l'extrémité d'un pays à l'autre; et, ce qu'il y a de pis, se communique à des milliers d'hommes qui n'ont nul droit d'y voir clair. C'est une terrible chose qu'un progrès des lumières prompt, quotidien, universel et à bon marché : là, où il est établi, tout le monde ouvre les yeux, et voit tout, bien ou mal, bon gré malgré; et il faut convenir qu'un peuple qui a tout vu est dans la triste condition que voici. Tant que le peuple ne sait rien, on peut le mener à certaines connaissances par lesquelles il prospère; mais quand une fois il sait tout, on ne peut le ramener à certaines ignorances par lesquelles il subsiste. Il faut qu'il marche, et qu'il marche jusqu'à sa chute; car dans l'ordre régulier les lumières avancent toujours; elles ne rétrogradent que par révolutions. Vous concluerez peut-être de ceci que, moralement parlant, je suis peu partisan de la liberté des journaux; et, en effet, s'il s'agissait de remonter si haut en principes, je tiendrais pour heureux et sage le pays qui saurait s'en passer. Mais que servent ces raisonnements? Nous autres humains, toujours placés sans choix dans des situations données, nous ne pouvons avoir de principes que relatifs, et de raison que la conséquence. Le gouvernement représentatif existe : il ne procède que par la publicité illimitée; il faut donc admettre l'un avec l'autre; car si vous rejetez ou modifiez la conséquence, si vous donnez la torture aux principes pour en arracher des exceptions, qu'arrivera-t-il? Rien autre chose que ceci : qu'en réduisant la liberté à moitié vous perdrez la vôtre, et le gouvernement gardera la sienne. De peur d'un organe à deux sous de l'opinion générale, vous aurez un organe, gratuit peut-être, de l'opinion particulière, qui sera celle du plus fort ; l'opinion ne combattra plus l'opinion, la raison le paradoxe ; enfin vous aurez aliéné le seul contre-poids possible au mal de la publicité, la division, qui au moins laisse le public libre de juger entre deux partis. Cette division a neutralisé en Angleterre l'abus des journaux. Le poison y a perdu son danger ; mais, ni Mithridate, ni l'Angleterre, n'en seraient venus à ce point, s'ils n'eussent pris souvent du contre-poison. C'est par cette balance, et par elle seule, que s'est formé à la longue un fond d'opinion jugée, qui est aujourd'hui l'appui comme le frein de son gouvernement. Il faut convenir que ce dogme de balance et de liberté est naturellement peu agréable à quiconque gouverne ; il préfère volontiers l'entière liberté pour lui seul ; mais quiconque gouverne doit songer aux gouvernants à venir, doit prévoir que l'arme exclusive qui profite à lui contre d'autres, peut venir à profiter à d'autres contre lui, et tout pouvoir qui dure doit être très sobre sur ces tentations d'abus, qui ne produisent un avantage présent qu'en ourdissant une ruine future.

Ainsi, M., c'est toujours le plus faible qui demande la presse sans limites, parce que dès qu'elle en a elles sont contre lui ; et toujours le plus fort qui la veut limitée, parce que ces lifinies ne sont que celles de son propre domaine.

Si ces questions s'agitent dans un Etat précaire, dans un gouvernement nouveau, il faut convenir de bonne foi que la raison locale s'y trouvera souvent opposée à la règle exacte; et que beaucoup de gens sensés y seront pour le plus fort, dans la crainte que de vérités en vérités on ne le mène à devenir le plus faible. Moi-même j'ai hautement pensé ainsi, quand j'ai vu que la controverse n'était pas entre deux parties de l'Etat, mais entre l'Etat et un parti. Quand j'ai vu les révolutionnaires écrire, quand j'ai lu le *Censeur* et le *Nain Jaune*, j'ai pensé, avec beaucoup d'honnêtes gens, qu'il valait mieux guérir contre la forme que de mourir dans les règles. Je ne crois pas que mes principes aient changé; mon intérêt est encore le même. Peut-on en dire autant des circonstances? Cela vaut la peine d'être examiné, car il faut penser à deux fois avant d'opiner contre les règles.

Les révolutionnaires ont été vaincus par l'Europe et comprimés par les royalistes. L'opinion de ces derniers a prévalu dans les élections de 1815, et ils ont obtenu la majorité de l'assemblée. Cependant un esprit différent du leur dirigeait le ministère. Celui-ci s'est écarté de l'esprit du gouvernement représentatif, en entreprenant de se soutenir contre une chambre. Il en est résulté, dans l'usage de la presse, un effet bizarre et sans exemple jusqu'à ce jour; c'est que sa liberté a été toute entière pour le ministère opposant, et ses restrictions ou son silence pour la majorité.

Ceci, M., n'est-il pas un peu plus que dévier de la règle; et ces mêmes royalistes, qui approuvaient des limitations quand elles réprimaient des hommes vils et sans aveu, quand elles contenaient un parti étranger prêt à troubler l'État, n'eurent-ils pas quelque droit de se plaindre quand ils les virent tournées contre eux-mêmes, eux qui pouvaient, à bon droit, se croire tout au moins une partie de l'Etat?

Mais les choses ont changé encore (elles changent souvent en France); une nouvelle chambre se prépare, et de nouvelles combinaisons s'y font prévoir. Par un effet du hasard ou de l'industrie humaine, les royalistes n'y paraîtront qu'en nombre égal ou peut-être inférieur, au moins jusqu'à ce que les vrais principes, que je crois sincèrement de leur côté, et la sage modération, qui s'y joindra j'espère, aient ramené à eux les esprits désintéressés.

Dans cette nouvelle situation, le parti opposé au ministère, qui réclamait la liberté de la presse quand il avait la majorité, la réclamera plus justement encore quand il se trouvera dans les conditions de l'opposition d'Angleterre. Je le répète, M., ce n'est point ici une faction étrangère, un parti contre l'Etat qui se place hors de ses lois comme de ses éléments, et contre lequel on peut, en quelque sorte, sortir de la charte sans la violer ; c'est tout au moins une puissante portion de l'Etat, celle qui a pour elle la principale masse de ses grands propriétaires. La chambre doit donc aujourd'hui demander cette liberté comme le garant de son indépendance : il faut, ou briser toutes presses et rendre le silence général, ou n'en interdire aucune, et que les opinions soient libres de s'unir ou de combattre à armes égales. Si quelques brouillons en abusent, le ministère, qui a été assez fort pour en ôter l'usage à une majorité, le sera sans doute assez pour en réprimer l'abus dans quelques hommes. D'ailleurs, on doit le dire dans l'intérêt du ministère même ; en matière d'opinion, il y a une certaine gaucherie dans l'unanimité : la balance séduit ; l'unanimité ne trompe personne ; on y devine aisément la contrainte ; et c'est perdre sa cause, que d'y montrer tous les juges d'accord. Qu'arrive-t-il ? La voix publique en appelle ; et que ne dit-elle pas quand elle est réduite à ne voir plaider son procès que dans des journaux étrangers !

Je ne partage point, M., cet avis que j'ai entendu circuler dans le monde, d'avoir un journal particulier pour les délibérations de la chambre. Cette institution porte, à mes yeux, un caractère de parti ; une apparence de défiance à laquelle un corps si auguste et si puissant à la fois ne doit pas pouvoir soupçonner de motifs : enfin ce serait une ressource désespérée dont vous devez être loin de prévoir le besoin. Il faut aller tout bonnement au dogme indispensable dans un gouvernement représentatif, la liberté de la presse. Je vous ai franchement dit le pour et le contre dans cette question, à vous, qui partagez ma pensée ; je le dirais de même à qui ne la partagerait pas. Je n'ai voulu taire ni le mal inévitable de la liberté des journaux, ni le mal plus grand, mais évitable, de leur liberté exclusive dans un parti. Dans un procès juste et clair, il vaut mieux user de bonne foi que d'arguments captieux ; et je tiens qu'il est des causes si droites, qu'il y a de la honte à les gagner autrement qu'en droite ligne.

De la responsabilité des ministres.

Cette question-ci, M., succède naturelle-

ment à celle de la liberté de la presse, puisqu'elle en résulte de droit, et même qu'elle ne
peut résulter que d'elle ; car là où manque la
plainte, manque aussi le tribunal ; le principe
est donc le plus facile du monde à mettre en
place ; mais il est peut-être le plus difficile
de tous à mettre en action. Essayons de l'examiner.

Permettez d'abord que, pour ne pas risquer
d'être obscur, ou de revenir sans cesse à la dé-
monstration, j'inscrive en tête de mes raisonnements ce petit axiome de politique : *Dans le
gouvernement représentatif, le Roi est un
souverain en trois personnes; dont la première, puissance confédérée, fait la loi avec
la représentation; la seconde, puissance
séparée, l'exécute seule ; et la troisième ,
puissance indépendante et absolue , dissout , proroge et assemble la représentation.*
Maintenant nous entrerons en matière.

Dans le gouvernement représentatif, le parlement (car si on ne veut pas donner ce nom
anglais à la réunion des trois pouvoirs, il faut
qu'on en fasse un français), le parlement,
dis-je , est le maître de la loi.

On n'est point maître de la chose qu'on ordonne, si on n'est pas juge de son exécution ;
sans cela, le pouvoir législatif aurait le droit

de faire, et le pouvoir exécutif celui de dé-
faire.

Celui qui exécute la loi est donc comptable
à celui qui la fait.

Mais ici, un des trois pouvoirs législatifs est
en même temps le pouvoir exécutif. Il ne peut
répondre de la loi à lui-même. Deux des pouvoirs sont donc seuls juges de la loi, et le troisième en est seul comptable.

Le Souverain inviolable ne peut être comptable à personne.

Cependant ce devoir ne peut périr.

Il s'en décharge sur des ministres.

De-là le dogme inévitable de la responsabilité des ministres.

Dès que le ministère est seul comptable, il
en résulte en droit qu'il est censé seul auteur
des actions dont il répond.

D'ailleurs, là où la responsabilité existe, le
ministère connaît les chances qu'il accepte. Il
n'est point un organe passif; il a son libre ar-
bitre, et la responsabilité *de fait* est juste contre ses fautes, parce que la responsabilité *de
droit* l'a averti de les éviter.

Lui seul peut donc paraître exercer l'action ;
d'une part, pour que la majesté souveraine ne
soit pas violée ; de l'autre, pour que le droit du
juge ne soit pas compromis ; car, si le Souve-

rain se montre, il absout le ministre. Alors, entre un pouvoir inviolable et un ministère absous, la responsabilité périt, et le pouvoir législatif n'a plus rien à juger.

Si le pouvoir législatif ne juge plus la loi, il cesse d'en être maître, et s'il cesse d'en être maître, il cesse lui-même d'exister. Alors le gouvernement n'est plus une monarchie représentative, mais une monarchie absolue où le Roi, ne répondant de la loi qu'à lui seul, la fait par conséquent à lui seul.

Ainsi, la charte du gouvernement représentatif devait, sous peine de n'être pas charte, consacrer ce grand principe. Elle l'a fait dans le même article qui reconnaît la personne du Roi inviolable et sacrée, comme pour mieux constater que l'un est la conséquence nécessaire de l'autre.

La volonté du Roi habite donc le saint des saints : nul ne peut la voir ni l'entendre. Les ministres ne peuvent ouvrir les rideaux du sanctuaire sans que la liberté soit blessée par son éclat, ou sa dignité blessée par la liberté. Cette volonté n'éclate que là où elle ne peut être discutée ; là où, puissance absolue et suprême, elle dissout, proroge ou assemble le parlement.

Remarquez, je vous prie, M., que je ne vous

expose point ici des dogmes anglais, car vous savez que *nous ne sommes pas l'Angleterre*, mais seulement l'essence indélébile, la nature inévitable du gouvernement représentatif, dont on ne peut admettre le principe sans admettre aussi ses conséquences.

Mais cette responsabilité, nécessaire à établir, n'est peut-être pas aussi facile à régler. Si son énonciation est vague, son code mal digéré, les interprétations, et par suite les erreurs, abonderont. Nul doute que les ministres la voudront en-deçà, et les communes au-delà de ses justes limites. Il arrivera même probablement que ces dernières seront beaucoup plus ardentes à étendre la responsabilité, que les ministres à la restreindre, par la raison que qui attaque, accuse ou critique, a toujours plus de terrain et de force que qui se défend.

J'ai donc trouvé fort judicieux l'article de la charte qui borne les cas d'accusation *à la trahison et à la concussion*. Beaucoup de gens peuvent n'en pas juger de même : pour moi, je pense que toutes choses coupables, dans l'exécution des loix, d'une faute assez grave pour motiver l'accusation de la part des communes, se trouve suffisamment comprise dans cette définition ; et, après tout, si quelque délit pouvait y échapper, il vaut mieux risquer un abus de pouvoir dans la force qui fait agir les lois, qu'un abus d'inquisition dans le tribunal qui la juge.

C'est, je crois, dans un tel esprit que votre loi sur la responsabilité devra être conçue; c'est-à-dire en en faisant un code simple, clair, précis, organique surtout; car les lois ne marchent point toutes seules; en mettant de côté, dans une loi de durée, les divisions présentes, et sans chercher à étendre le sens de la charte par son application.

Tel est *en droit*, M., la question de la responsabilité des ministres. Le principe y est très positif, l'application assez vague; maintenant, si vous me demandez ce que je pense du *fait*, il est à mon sens beaucoup plus vague encore. Si vous me donnez un état régulier, vieilli dans ses usages, l'Angleterre par exemple, il y sera si fort, que nul n'y contestera le droit (car on ne conteste le droit que là où le fait manque de force). Il y sera le frein du ministère, le joug qui le soumet à l'opinion nationale, par conséquent la pierre fondamentale de la puissance de cette opinion, de celle du parlement qui l'exprime, et enfin du gouvernement représentatif. La loi de la responsabilité y sera si respectée, qu'elle n'y sera jamais exercée, ou plutôt cette loi, devenue habitude, pratiquée, non entre deux pouvoirs ennemis, mais entre deux pouvoirs homogènes, s'exercera à l'amiable et par prévention, au lieu de s'exercer judiciairement et par répression; en sorte qu'elle existera fondue dans la nation bien plus qu'écrite dans un code, et fera tellement partie de ses mœurs, que si demain elle venait à être abolie, elle subsisterait de fait, ou se rétablirait d'elle-même. Heureux pays, dont le gouvernement est aussi vieux que ses mœurs !

Mais si vous me donnez un Etat qui ait perdu l'habitude de ses vieilles coutumes, et n'ait pas acquis celle de ses nouvelles lois, ce même fait y sera fort difficile à pratiquer, et je crains bien qu'on n'y trouve plus de docteurs pour le définir que de juges pour l'appliquer. Il faudra pourtant bien, sous peine d'inconséquence, établir le *droit* en attendant qu'on puisse y joindre le *fait*, et cela par la même raison qu'il a bien fallu commencer par y instituer une charte et un parlement, avant de posséder leurs bases et leurs vrais éléments. Quand on a les fondations, on édifie la puissance dessus : c'est l'ouvrage d'un architecte ordinaire. Quand on n'a rien, on pose la puissance sur le vide; on l'étaye du mieux qu'on peut, et on fait la fondation en sous-œuvre. C'est l'ouvrage de Michel-Ange.

Des corps ou colléges électoraux.

C'est ici, M., la pierre angulaire des gouver-nements représentatifs; elle l'est du moins en France; car nous connaissons un pays où le système électif est fort défectueux et le gou-vernement représentatif très régulier : c'est que le fond y est tellement solide, que la forme s'y plie au lieu de l'altérer. Mais, là où le fond manque, il faut que la forme soit parfaite pour y suppléer. Ce n'est pas un des moindres incon-vénients du manque de force réelle, que cet impérieux besoin de perfection dans les lois.

La France a besoin d'un système électoral. Il le lui faut très bon et très prompt; car son exis-tence actuelle et peut-être future en dépendent; et cependant, d'une part, ces deux qualités vont rarement ensemble; de l'autre, si on fait la loi pour le moment présent, elle peut nous livrer à des maux futurs; et si on la fait pour les temps futurs, elle peut ne pas suffire au mo-ment présent. C'est au milieu de ces écueils, et dans une tourmente, qu'il faut faire une oeuvre qui demanderait le calme de Dieu même, *créer les hommes par qui seront créés ceux qui doi-vent créer nos lois.* Voilà, certes, un abîme sans fond. Il faut pourtant s'y jeter pour sau-ver Rome. Comment faire, M.? Mon avis serait, et tel a été celui de quelques bons esprits, de partager la difficulté en deux, ce qui serait en grande partie la résoudre ; c'est-à-dire de s'en tenir aujourd'hui à une loi provisoire, la plus solide qu'il se pourrait, et de renvoyer la loi définitive à un temps plus définitif, en ayant grand soin, toutefois, d'en poser les bases et d'en dessiner les contours ; car je ne puis dévier du système que vous me connaissez, de donner toujours des gages à l'avenir, de promettre là où on ne peut pas faire, et de se garrotter d'avance pour échapper à l'instabilité humaine.

J'envisagerai donc la loi des élections sous un rapport simplement provisoire ; mais avant de traiter de ce qu'on peut ou doit faire à cet égard, permettez que nous examinions ce qui existe, et ce qu'on avait dessein d'y substituer. Les discussions auxquelles ce projet a donné lieu, ont mieux éclairé la question que mes idées ne pourraient le faire.

Nous vivons encore aujourd'hui sous le régime électif de Buonaparte, et ce régime date d'un temps où il ne touchait encore qu'avec circonspection à l'arche de la démocratie. Douze années, écoulées sans changements, n'ont fait qu'accroître les vices de cette loi : le temps perfectionne tout. Des assemblées de canton, peu différentes des anciennes assemblées primaires, puisque tout citoyen domicilié a droit d'y vo- ter, nomment des électeurs de département au nombre de 200 à 300 sur une liste des 600 plus imposés et des électeurs d'arrondissement au nombre de 120 à 200 sur le pied d'un pour 500 citoyens domiciliés. Il faut cependant observer qu'en vertu d'un article, qui balance beaucoup à lui seul la lettre démocratique de la loi, nulle assemblée de canton ne pouvait se réunir pour de nouvelles nominations avant que la liste pri- mitive des électeurs (institués à vie, particu- larité digne de remarque) ne fût réduite aux deux tiers.

300 francs de contribution suffisent aux électeurs de département. Rien n'est exigé de ceux d'arrondissement. Ces derniers sont néan- moins les vrais électeurs de la France. Chaque arrondissement nomme un nombre de candidats égal à celui des députés que doit nommer le dé- partement, et chacun d'eux doit payer 1000 fr. de contribution pour pouvoir être député.

Dans la plupart des arrondissements, des électeurs, qui ne sont pas tenus de posséder, nomment, avec une joyeuse préférence, le contribuable de 1000 fr. tout juste, plutôt que celui qui les paye dix fois, parce que le pre- mier est un citoyen qui les caresse, et le second un seigneur qui les offusque. Ainsi, avec l'esprit (si c'est un esprit) d'égalité qui règne aujourd'hui , vous devez regarder comme probable que presque partout les élus seront choisis, non à l'enchère, mais au rabais.

Mais, direz-vous, c'est peu de chose : ce n'est qu'un premier degré. — C'est tout ; car ici , la loi, toujours inverse dans sa hiérarchie, arrive à leur secours, et ordonne que le collége de département qui nomme deux députés en prendra un parmi les candidats, et que celui qui en nomme trois en prendra deux. Ainsi les électeurs sans contributions nomment de fait , ici la moitié, là les deux tiers des représentants de la France : système d'une extravagance méditée, digne des Brissot et des Anacharsis Clootz, mais dont Buonaparte bravait l'atteinte sous son bouclier de fer, ou, disons mieux, qui servait merveilleusement son despotisme en lui envoyant des hommes sans talents , sans consistance, et par conséquent sans voix. Mais j'ose affirmer qu'aujourd'hui il serait cent fois moins dangereux pour la France que la cohue du peuple, ramassée en assemblées primaires, nommât directement des députés à la chambre ; car le vrai peuple, celui qui veut bien consentir à l'être, exempt de prétentions pour lui-même , et ne pouvant se hausser aux chimères de l'égalité, élirait plutôt les vrais grands et les vrais riches par qui il vit, que les demi-seigneurs par qui il souffre. Cette idée a servi de thème à une partie du rapport dont je vous parlerai bientôt, et je l'adopterais comme lui, sans hésiter, si le choix était inévitable entre ces deux maux ; mais il est sage, nécessaire et facile d'échapper à l'un et à l'autre.

De ces colléges d'arrondissement nous passons à un collége de département composé de morts, de vivants, d'absents et de présents ; où une foule de noms n'existent plus que sur une liste imprimée, où une foule d'autres noms n'y sont point encore enregistrés ; les uns, parce que leur aversion pour le règne impérial les en a écartés ; les autres, parce que l'aversion de ce règne pour eux les en a repoussés ; beaucoup, parce qu'ils avaient perdu, pour le service de leur patrie, jusqu'à la modique fortune qu'il faut pour la représenter : en sorte que cette liste, diminuant d'année en année par une progression arithmétique, devient une tontine où, si cela dure 20 ans, une tête aura hérité de tous les droits politiques du collége ; enfin, sur toutes celles qui existent encore, plane un niveau de 300 fr. de contributions : niveau peut - être raisonnable en lui-même, mais qui cependant eût sans doute été haussé de quelques crans par un homme qui eût voulu, pour députés, autre chose que des muets.

Cette assemblée, telle que je vous la présente, dans son existence, dans sa composition, dans son action, forme aujourd'hui, M., ce mélange ʃde tous les éléments que nous nommons en français *amalgame, rudis indigestaque moles*. Je dois ici à la vérité de convenir que le système était bien plus conséquent sous Buonaparte. Alors les hommes à principes révolutionnaires ou serviles, c'est tout un, régnaient à vie dans les colléges, et lui donnaient, pour dix mille francs par an, les députés qu'il aimait ; c'était dans l'ordre, et tout allait en paix. Aujourd'hui la royauté est de retour en France, et la liberté avec elle. Que faudrait-il pour être conséquent à ce nouveau système, comme on l'était à celui de Buonaparte? Cela est violent à dire ; mais comme les choses qu'on dit ne se font pas, je risquerai de raisonner juste. Il faudrait que les hommes à principes libres ou vraiment *libéraux*, prissent la place des hommes à principes serviles et despotiques, ou des hommes sans principes; il faudrait que les hommes à principes monarchiques régnassent où ont jadis régné les autres, et donnassent *gratis* à la monarchie les députés qu'elle doit préférer.

Il n'en est pas ainsi, et nous en voyons résulter dans les colléges, au lieu d'une influence nouvelle après une influence ancienne, un conflit de l'une et de l'autre, où, en nombre égal, grâce aux vieilles listes, on voit, d'une part, les tenants de la monarchie, nobles, grands propriélaires, anciens magistrats, etc., nommer ce qu'ils connaissent de plus grand et de plus digne, suivant les vieilles routines qu'ils tiennent de leurs pères; de l'autre, les chevaliers de la révolution, avocats, notaires, fonctionnaires, fermiers même, et tant que les 3oo fr. peuvent le comporter, nommer quiconque a donné des gages à la révolution pendant 27 ans et cent jours; et, de part et d'autre, ennemis contre ennemis, le parti pris d'avance, les choix arrêtés, nul compromis, et tout à la pointe de l'épée.

Tel est, M., l'esprit de fusion qui existe aujourd'hui dans un collége de département, et les représentants de la France émanent de ce chaos d'où Dieu aurait peine à tirer la lumière. Je ne les suivrai pas hors de son enceinte, ne voulant vous parler encore que du système électoral : en exposer l'ensemble c'est en démontrer les vices. Je ne dois pas taire ici, qu'indépendamment de ceux qui corrompent ses détails , il en a à mes yeux de bien plus grands par sa base ; mais les réformes que je crois qu'elle demande, tiennent à des considérations plus éloignées et à cet ordre de biens qui sont trop grands pour être crus , ou pour n'être pas différés. Il faut aujourd'hui se borner, en beaucoup de choses , à inoculer au mal le plus de bien qu'on peut.

C'est ce qu'ont fait , à mon sens, et avec beaucoup de bonne foi et de bonnes vues, mais non sans quelques erreurs , ceux qui dans la session de 1815 ont agité la question des élections. Jetons un coup-d'œil en masse sur les principaux points de leurs projets et de leurs discussions.

Le projet de loi qui fut présenté par les ministres, bâtissait , il faut l'avouer , sur des bases précaires , et construisait sans fondemens un édifice d'ailleurs mieux ordonné. Je suis loin de leur en faire un reproche ; nous en sommes encore, sur presque toutes choses, à commencer la maison par le troisième étage. Je conviendrai même, qu'on y distinguait un commencement de principes monarchiques fait pour inspirer de la confiance dans sa bonne foi et une espérance fondée de perfectionnement futur.

Voici quels furent les principaux points de ce projet.

Dans les assemblées de canton (car on jugeait convenable de les conserver) les soixante plus imposés, les curés, les maires et les personnes les plus dignifiées par leurs fonctions devaient concourir à la nomination d'électeurs âgés de 25 ans et payant 300 fr. de contribution.

Dans les colléges de département (car le projet supprimait, avec beaucoup de raison, les élections d'arrondissement), les soixante plus imposés du département, les archevêques et évêques, les dix plus imposés dans la classe commerçante et les principaux fonctionnaires du département, tous électeurs de droit, joints aux électeurs nommés par le canton, et formant ensemble un total de 150 à 250 membres, devaient concourir à nommer des députés âgés de 25 ans et payant 1000 fr. de contribution.

A ces dispositions principales, se joignaient celles-ci.

Que les électeurs n'exerceraient qu'une fonction temporaire, et seraient par conséquent renouvelés tous les cinq ans ; que la session des colléges ne pourrait excéder dix jours ; qu'il leur était interdit de s'occuper d'autre affaire que des élections ; qu'ils ne pourraient donner même des instructions à leurs mandataires ; enfin, que la violation d'un de ces articles entraînerait la dissolution du collége et la nullité de ses opérations.

Tels sont, M., les contours et les points saillants du projet de loi présenté par les ministres. J'ai dit, avec justice, qu'on y voyait percer des intentions plus monarchiques ; je voudrais pouvoir aller plus loin ; mais je doute que l'examen de ces dispositions m'en fournisse l'occasion.

Et d'abord, quant à l'article des assemblées de canton, je dois dire, qu'en en supposant la nécessité, leur composition me paraît trop nombreuse. Le nombre de 60 plus imposés en ouvre la porte à des cotes trop modiques. Je voudrais que ce nombre fût réduit à moitié, et que les maires n'y eussent droit qu'autant qu'ils se trouveraient dans cette classe. Ce changement réduirait les assemblées au nombre de 60 à 80 membres, parmi lesquels je voudrais, conformément au projet de la commission, que les quatre plus imposés fussent

scrutateurs de droit, et nommassent le secrétaire. Enfin je trouverais un sentiment de repos et de durée plus analogue au régime monarchique dans l'article de l'ancienne loi, qui
ajournait la réunion des assemblées de canton à l'époque où les listes électorales se trouveraient diminuées d'un tiers.

Mais je suis loin d'avouer cette nécessité des
assemblées de canton. Je sens au contraire, et
bien plus vivement, celle de laisser ou de mettre enfin en repos ces honnêtes cultivateurs
qu'on dégrade de leurs honneurs rustiques
pour les promener sans gloire aux derniers
rangs de la scène politique ; invention consé-
quente quand le peuple était roi ; habile, quand
on voulait encore le lui faire croire ; puérile
enfin , quand il n'y a plus ni à le servir ni à le
flatter , dangereuse même ; car, si c'est un ho-
chet qu'on se croit obligé de lui laisser, il importe de le faire jouer avec autre chose qu'avec
un éternel aliment de trouble et d'ambition.
Enfin, outre le bien d'endormir toutes les ambitions subalternes (c'est bien assez des grandes
dans l'Etat), je sens encore celui de simplifier
le système électoral, comme on doit tendre à
simplifier tous les systèmes. Je laisserais donc
au collége de département l'honneur exclusif

de s'occuper de la chose publique, et aux hommes qui, par état, n'y entendent rien, le bon-
heur exclusif de ne s'en point mêler.

Je viens maintenant aux colléges de département ; et d'abord, je vois 60 plus imposés,
électeurs de droit, dans ceux qui ont 250 membres comme dans ceux qui n'en ont que 150,
ce qui forme, pour cette espèce d'aristocratie,
une proportion beaucoup moins avantageuse
dans les premiers que dans les seconds. En
supposant pour elle la chance la plus favorable,
c'est-à-dire un collége de 150 membres, si
vous joignez aux 60 plus imposés environ 15
électeurs fonctionnaires ou autres que désigne
le projet, il restera encore 75 électeurs nommés par les cantons ; et, comme les 60 plus
imposés du département auront déjà prélevé
ses plus grands propriétaires, ce surcroît de 75,
qui aura été élu un, deux et trois degrés au-
dessous par les cantons, pourra, surtout dans
un temps où les fortunes sont très divisées,
descendre beaucoup plus bas qu'on ne doit le
desirer. Mais si cette proportion est déjà forte
sur 150, que sera-t-elle sur 250, quand les cantons auront, non plus 75, mais 175 électeurs à
nommer ? L'amendement de la chambre, en
portant le nombre des plus imposés électeurs
de droit, au tiers du nombre total, levait la

difficulté de la disproportion, sans toucher aux autres.

En réformant les assemblées de canton, la disproportion et la difficulté tomberaient ensemble. On pourrait alors réduire le nombre des membres du collége, et s'en tenir aux électeurs de droit.

. Quant au *quantùm* d'impositions nécessaire pour remplir les fonctions d'électeur, le projet des ministres se renfermait dans les anciennes dispositions, en continuant de n'exiger qu'une contribution de 3oo fr. Il y a plus : cette contribution n'était pas uniquement *foncière*, mais *directe*; en sorte que les patentes, impôt mobilier, donnaient un titre égal à l'impôt immobilier. Il est vrai de dire qu'elles n'obtenaient par-là qu'une chance dans l'élection des cantons; mais aujourd'hui, on doit sentir que, si ce premier degré cessait d'exister, si on avait des colléges de département moins nombreux, si tout y était électeurs de droit, et si, sans égard à la cote de 3oo fr., qui différencie beaucoup les droits, du nord au midi de la France, on s'en tenait par une justice uniforme à appeler seulement les plus imposés (je suppose depuis 8o jusqu'à 15o), alors cette disposition, en faveur des patentes, déjà trop contraire à l'esprit nécessaire de la loi, en de-

viendrait la perte ; et que le commerce, ayant
de droit 10 voix (ou, ce qui serait mieux, de 8
à 15), serait bien suffisamment partagé sans y
adjoindre, en sa faveur, la concurrence des patentes.

Enfin, M., dans ce même chapitre des
colléges de département, et en ce qui touche,
non plus les électeurs, mais la nomination des
députés, ma conscience, d'accord avec ma
sollicitude pour l'Etat, répugne, je vous l'a-
voue, à voir ses intérêts entre les mains de
députés majeurs de vingt-cinq ans, modification de la charte que j'aurais jugé plus sage de
ne pas proposer. Elle ne répugne pas moins
à voir ces intérêts entre les mains de 258
hommes, qui peuvent ne lui offrir d'autre caution que 1000 fr. de contribution ; et je m'é-
tonne qu'entre ces deux parties de l'art. 38,
destiné par l'ordonnance à une revision, ce
ne soit pas la seconde qu'il ait paru juste de
rectifier. Parlons de bonne foi, M. ; nous allons
sur toutes choses à crédit en France : est-ce donc
le cas de diminuer nos garanties ? Est-ce caution
pour la France, qu'une chambre qui peut ne
payer que 258,000 fr. de contribution ? Certes,
si quelque homme d'un simple bon sens était
chargé d'instituer à son choix 258 hommes,
pour donner des lois à un empire, ne pouvant

s'assurer de prendre les plus sages, il irait droit au solide, et prendrait les plus riches, les plus puissants, les plus solvables pour répondre de leur conduite. De 25 millions à 258, il trouverait sans doute quelque latitude pour faire de magnifiques choix. Peut-être penserait-il encore, qu'outre la responsabilité, il faut aussi de la dignité, de l'éclat, de la splendeur; que la France ne doit pas envoyer ses représentants par le coche ou le vélocifère; que pour que leur assemblée soit d'un grand appui au trône et d'un grand poids sur l'empire, il lui faut une grande consistance personnelle, etc., etc.... Eh bien, M., la loi proposée est cet homme-là; mais elle se montre bien moins exigeante que lui; car il lui suffit, pour être un des 258 législateurs de 25 millions d'hommes, qu'on lui justifie de 4 ou 5000 fr. de rentes, en mettant à contribution toute sa famille.

Plus je réfléchis à une pareille institution, plus je médite sur son énorme disparate avec notre siècle, avec nos mœurs de fait ou de droit, avec nos fortunes présentes ou futures (car enfin une loi ne se fait pas pour un an), plus j'ai peine à me défendre d'une arrière-pensée. Le ministère, dis-je à moi-même, croirait-il s'assurer une chambre docile en la faisant pauvre, comme Buonaparte s'en assurait une esclave en la faisant gagée? Hé grand Dieu! qui peut croire qu'on jouât les destins futurs de la France, le sort même de tous les ministères à venir contre une chétive influence du moment ....? Mais cependant le ministère se tromperait en cela : les fortunes bornées sont plus indépendantes que les grandes; et si c'est la liberté, la force et la vertu romaine qu'il cherche, il a rencontré ce juste milieu : mais il est permis de douter que ce soit véritablement là son but; et, quant à la France, quelque admiration que causent ces qualités sublimes, avec quelque joie qu'on les embrasse dans les périls de la patrie, il faut avouer cependant que les vertus par lesquelles un Etat se sauve, ne sont pas toujours celles par lesquelles il subsiste; et, quelque vil que cela puisse être à dire, qu'il y a plus de chances de durée pour lui avec des représentants médiocres à 100 mille livres de rentes, qu'avec des Régulus à 4000. Je n'ai pas besoin de vous dire que, dans cette règle barbare, je laisse un vaste champ aux nobles exceptions qui, dans un âge de civilisation, savent toujours se marquer leur place.

Le projet des ministres, suivant le plan formé alors et réitéré depuis, d'établir en loi le nombre des députés qu'avait fixé l'ordonnance du 13 juillet 1815, allait plus loin pour la ville de Paris, et proposait, par une exception favorable, de porter à quinze le nombre de ses députés qui, dans l'exacte proportion, était de douze. Cette proposition fut écartée par la commission, et j'avoue qu'à peu près en cela seul je fus de son avis. Je veux que Paris ait mérité des faveurs depuis deux ans, après avoir si long-temps mérité des reproches : elles doivent, en ce cas, être municipales et particulières à la capitale, mais non accordées au détriment du reste de la France. Je dis, au détriment, parce que nul esprit sensé ne peut se dissimuler combien, dans le cours de vingt-cinq ans, l'étrange suprématie de cette grande ville a été funeste à l'empire, depuis le temps où la commune révolutionnaire dominait l'assemblée, et Paris la France, jusqu'à celui où Buonaparte, rentrant aux Tuileries, redevenait, par ce seul fait, le maître du royaume. Cette ville, constituée la tête, la pensée, le centre unique de 85 départements, est, peut-être, de toutes nos inconséquences politiques, et la plus dangereuse et la plus difficile à détruire. Si donc j'avais à décider d'une exception dans la proportion établie du nombre des députés, je la mettrais sans balancer contre la capitale plutôt qu'en sa faveur, par la raison que, fût-elle même sans députés, son ascendant tout seul ne serait encore que trop immense sur une chambre qui siège et respire au milieu d'elle. J'espère que vous ne montrerez point ma lettre à des Parisiens.

D'ailleurs, M., ce que je dis de la capitale peut, sous un autre rapport, s'appliquer aussi aux plus grandes villes du royaume. Il est certain que ce système électoral serait sage, qui pourrait mettre la balance plus forte en faveur des campagnes, où les choix seraient plus donnés à la propriété, aux mœurs, aux vertus domestiques, aux idées d'ordre, de paix et de religion ; moins au mouvement, à l'ambition, à l'égoïsme, à la fatale vanité qui creuse le tombeau de la France ; enfin à tout cet isolement de la patrie, à toute cette corruption brillante qui s'agite beaucoup plus dans les villes que dans les châteaux. Je vous livre avec confiance des pensées que je crois justes au fond ; mais que, de bonne foi, tant que régnera le cours d'idées actuel, je crois aussi inapplicables dans le fait qu'elles sont indubitables dans le droit. Je reviens de cette longue digression à la suite du projet des ministres.

Les seuls articles importants qui m'y frappent encore, sont ceux qui fixent à dix jours la durée des sessions électorales , qui dispersent les colléges aussitôt après, en dépouillant les électeurs, titrés *temporaires*, de tous droits futurs (ce qui enchérit, dans un sens très démocratique, sur la loi de Buonaparte), qui leur interdisent toute affaire étrangère à l'élection, qui leur défendent de donner aucune instruction à leurs députés ; enfin, qui déclarent les sessions *nulles*, et privent le département de sa députation , si le collége enfreint quelqu'une de ces inhibitions.

Arrêtons-nous un moment sur ces articles, M; ce sont les derniers que je me propose d'examiner , et ils valent peut-être la peine de l'être.

En voyant combien leur injonction est impérieuse , précise, et leur infraction sévèrement punie, jusqu'à priver un département d'un droit qu'on pourrait croire lui être constitutionnellement inhérent , la lettre de la loi ne suffit plus à mon intelligence , et je crois devoir chercher à pénétrer son esprit. Pour cela , je remonte à sa date originaire , et je là trouve dans un sénatus-consulte du 16 thermidor an X. Cette source m'éclaire : je vois, d'une part, dans l'époque de la loi, un pays où tous les esprits étaient récemment agités , toutes les ambitions exaltées , où toutes les idées de là

démocratie bouillonnaient encore, où préva-
laient toutes ses formes ; d'autre part, je vois
dans son auteur un despote inquiet entre la
nécessité de sacrifier aux formes démocratiques, et l'intérêt de les plier sous sa tyrannie.
De-là la condescendance d'assembler des colléges, mais en même temps le soin de les épar-
piller aussitôt, de ne leur permettre qu'une
réunion instantanée, de leur interdire toutes
fonctions, toute consistance ; et cependant,
au milieu de ces précautions, une inconséquence me frappe, et je n'y trouve le despotisme qu'ébauché : le sénatus-consulte ne pro-
nonce point la défense expresse de donner
des instructions aux députés ; il s'explique
même sur le reste en termes moins tranchants,
moins *buonapartiques*, si je l'ose dire, que le
projet des ministres. « Les colléges électoraux,
dit-il, ne peuvent s'occuper que des opérations
pour lesquelles ils sont convoqués, ni conti-
nuer leurs séances au-delà du temps fixé par
l'acte de convocation. » Cette phrase a quelque
chose de moins péremptoire dans l'expression,
et même une espèce de sentiment de la dignité de
l'assemblée à laquelle elle s'adresse. Il ajoute :
« S'ils sortent de ces bornes, le gouvernement
a le droit de les dissoudre. » Il faut convenir
que quand on compare ces mots avec l'article

Lettre.　　　　　　　　　　　　　　4

du projet, « la violation de , etc. , donne lieu à la dissolution du collége électoral, et *rend nulles* toutes ses opérations,» on ne peut s'empêcher de remarquer, entre la loi impériale et le projet des ministres, une différence de mots et même de choses qui n'est pas à l'avantage du dernier.

Cependant , à ces légères exceptions près qui sortent de l'esprit des lois de ce temps , tout le système du sénatus-consulte me paraît dans un rapport exact avec l'époque où il fut fait, bien combiné pour prospérer sous Buonaparte , enfin conséquent à son règne ; et je suis prêt à le louer d'avoir fait une pareille loi. Mais quand je me reporte au temps présent, je me demande par quel hasard elle a survécu au législateur , quelle analogie existe entre elle et l'époque où nous vivons, et pourquoi il se fait qu'on enchérit même sur ses dispositions ? Je vous engage, M., à examiner cette question pour moi : mes réflexions pourraient me mener trop loin, et jusqu'à croire qu'un système entièrement inverse serait précisément ce qui conviendrait à une monarchie mitigée et à un gouvernement représentatif dans les données où se trouve la France. J'aurai peut-être lieu de revenir un jour sur cette idée , qui est encore une de celles qui vont trop au fond des choses pour essayer de l'approfondir, lorsque nous ne devons envisager qu'une loi provisoire.

Après avoir ainsi passé en revue les principaux points du projet des ministres, je vous parlerai de celui de la commission et de la résolution qui lui fut à peu près conforme.

Ici, M., en nous rappelant l'esprit éminemment monarchique qui anima la chambre de 1815, et sa tendance vers tous les principes de ce gouvernement, nous devrions nous attendre à trouver, dans le plan d'une commission qui a refondu le projet des ministres, sinon de tout autres bases, ce qu'on ne pouvait encore espérer, du moins une série de dispositions tendant toutes, par une direction uniforme, à affaiblir, à effacer même dans ce projet toute teinte de démocratie, à y substituer des intentions monarchiques; et, en consentant à rester par la masse dans l'ornière de la révolution, d'y échapper le plus possible par les détails. Telle est à coup sûr notre attente en ouvrant le projet de la commission. Voyons, en nous renfermant, comme pour l'autre, dans l'examen des points principaux, quelles sont les différences que nous y trouverons.

1°. La commission admet les assemblées de canton; mais au lieu de les composer des 60 plus imposés, des curés, des maires, etc., elle prend un milieu entre Buonaparte et les ministres, et y convoque pêle-mêle tous les domiciliés âgés de vingt-cinq ans, et payant cinquante francs de contribution directe; ce qui, comme l'a judicieusement observé un membre de la chambre des pairs, produirait à Paris cinquante mille électeurs de canton, et dans beaucoup de départements un nombre moindre, mais encore prodigieux. Les raisons locales, que la commission donne pour ne pas appeler les plus imposés, m'ont paru de cet ordre de difficultés que les esprits sensés ne font pas valoir contre un principe, parce que, quand elles ont un tel compétiteur, il va de droit qu'on doit les aplanir. On doit dire cependant, que dans l'étrange teneur de cette partie du projet, perçait une intention moins démocratique, et dont le sénatus-consulte n'avait admis que la moitié; c'est celle qui compose le bureau des quatre plus imposés, et d'un secrétaire de leur choix.

L'assemblée adopta ces dispositions.

2°. A l'égard des colléges de département, la commission éleva de cent cinquante à trois cents par département le nombre des électeurs, que les ministres ne portent qu'à deux cent cinquante; et, sans admettre comme le séna-

tus-consulte une liste des six cents plus imposés, elle appela au concours, pour les fonctions électorales, tout domicilié qui payait
trois cents francs de contribution directe ; ce
qui, pour le dire en passant, admettait, pour
Paris seul, environ seize mille concurrents.
L'âge de trente ans, au lieu de vingt-cinq,
et la contribution de trois cents francs, pa-
rurent à la commission des titres suffisants
pour la fonction d'électeur. Un tiers du collége
dut être composé des plus imposés du département, et, sans rien stipuler sur les autres électeurs de droit, le Roi fut investi de celui d'adjoindre au collége un dixième d'électeurs de
son choix. Enfin, l'âge de quarante ans fut
proposé pour les députés, et une contribution
directe de mille francs fut jugée leur suffire.

Toute la partie des colléges de départements
est, comme vous voyez, à peu de chose près,
conforme au plan des ministres. Ces articles,
sauf une légère modification sur l'âge des députés, furent adoptés par la chambre.

Enfin les articles du projet des ministres,
sur la durée des sessions électorales, l'existence éphémère de leurs membres, la défense
d'y traiter aucune affaire, celle d'y donner des
instructions, et la peine de nullité attachée à
l'infraction de ces dispositions, toutes choses

qui, dans l'opinion que j'en ai, m'eussent paru susceptibles d'une importante discussion ; ces articles, dis-je, furent également adoptés par la commission et par la chambre.

Ainsi, à l'époque où on taxait d'exagération les principes monarchiques de la majorité de la chambre, elle refondit un projet ministériel où des esprits sages de la minorité trouvaient trop d'éléments démocratiques, et lui en substitua un où ces éléments étaient religieusement conservés partout et prodigieusement renforcés dans la partie du projet qui devait précisément en être le plus soigneusement garantie, les assemblées de canton. Le rapporteur, dont j'honore autant le caractère que les talents (mais où ne mène pas une fausse route !), le rapporteur alla même jusqu'à dire que des députés ne seraient pas les vrais députés de la France, si des contribuables à 5o fr. n'avaient élu leurs électeurs; et que, plus grand serait le nombre des Français qui participeraient à leur nomination, mieux la chambre porterait au Roi la véritable expression de l'opinion publique. Pour moi, j'avoue que j'aurais pensé directement le contraire. Un membre, qui rejetait les assemblées de canton (1), répondit avec justesse que

---

(1) M. Benoît.

» c'était les intérêts et non les individus qu'il
» s'agissait de représenter ; » et un député de
la minorité (1), dans une opinion où je trouve
une foule de pensées justes, sans en partager
cependant tous les principes, s'éleva fort à
propos contre ce préjugé commun, «que, dans
» un gouvernement représentatif, il est néces-
» saire que la population numérique, ou la
» multitude, soit représentée. »

Mais enfin, M., il faut aller de bonne foi au
fond des choses. Tous ces réglements, plus ou
moins imparfaits, n'étaient pas le vrai point de
la question : vous croyez avoir vu toute la loi ;
nous n'en sommes qu'au frontispice. Le vrai
point de la question était, à vrai dire, double
pour la chambre : l'un, patent, était d'assurer,
par le dogme du renouvellement intégral, une
durée de cinq ans à une majorité uniquement
dirigée par des principes monarchiques, et de
la préserver de l'esprit douteux que pourrait y
souffler, d'année en année, la tempête régulière
des élections. Ceci était réellement un but fort
supérieur à tous les menus détails de la loi ; un
but grand, politique, et même patriotique ; car,
pour la première fois dans une assemblée ,
on put y voir, pour presque tous ses membres,

____

(1) M. le chevalier Maine de Biran.

une ruine particulière, et, pour presque aucun, une espérance ambitieuse. Ce fut un grand malheur que la chambre, en poursuivant un but, selon moi sage et utile, au lieu de pouvoir prendre la voie naturelle, en demandant au Roi la révision annoncée de l'art. 37 de la charte, se crût obligée d'interpréter cet article ; en sorte, qu'ayant contre elle le texte de la loi, elle se vit contrainte à plaider le bon sens par des sophismes, tandis que le ministère, en soutenant une cause moins favorable au fond, eut pour lui la lettre de la loi, qui mit entre les mains de l'erreur toutes les armes de la vérité.

L'autre point de la question, point secret, et le véritable esprit du travail de la commission, fut de soustraire aujourd'hui (sans penser, hélas ! à demain) les élections à l'influence d'un ministère dont elle jugeait les principes pernicieux à l'avenir de la France. Elle crut moins risquer de tout prodiguer à la foule, et de rentrer, contre tous ses propres sentiments, dans le marais de la démocratie, que de livrer le sort des assemblées à l'ascendant ministériel, et se précipita dans l'esprit révolutionnaire du peuple pour se sauver de l'esprit révolutionnaire des grands...... Dangereux calcul, politique aventureuse par laquelle, obligée de taire son vrai but, elle se montra nourrie de dogmes funestes, armée d'arguments captieux, et livra à la minorité l'attitude franche, les doctrines sensées, et les bons raisonnements. L'histoire, quand elle jugera ces systèmes, n'aura pas, comme nous autres contemporains, l'intime pensée de leurs auteurs, le vrai sentiment de leur position, pour pouvoir rectifier leurs plans par leurs motifs; mais, quand même elle pourrait peser l'un avec l'autre, elle leur dirait peut-être encore : « Hommes de bonne foi, vous vous êtes trom- » pés; ce n'est point un privilége des cœurs » droits de réussir dans la ruse : vous avez » encouru le premier reproche de votre cons- » cience en jouant la paix de l'avenir contre la » sécurité du moment, et les principes éternels » contre une considération passagère. » Il est dur de dire ces choses, M.; il est pénible d'avouer les torts de ce qu'on aime: on peut même avoir l'air de déserter sa propre cause; mais on ne déserte rien tant qu'on est présent à l'appel des principes. D'ailleurs, en disant vrai contre soi-même, on donne crédit à ses discours; enfin, parler franchement des erreurs passées, c'est enseigner des routes nouvelles, et mettre des balises aux écueils à venir.

Je vais, maintenant, vous exposer mes

propres idées sur une loi provisoire d'élections.
J'ai tout critiqué ; il est juste que vous puissiez
me critiquer à mon tour.

Je crois qu'en fait de grandes institutions,
soit de politique, soit de morale, toute loi,
pour être bonne et solide, devrait appartenir
à quelqu'une de ces familles de grandes pensées que les hommes n'ont point faites, qui
ont toujours duré, qui dureront toujours, et
qui, dans leur carrière infinie, font aussi durer les sociétés tant qu'elles sont en harmonie
avec elles.

Une grande monarchie, par exemple, doit,
dans toutes ses institutions, chercher des
points et des moyens de repos dans la hiérarchie divine et humaine; elle le doit plus encore,
si elle sort d'une longue agitation. Ces points
de repos abondent en Angleterre, où le mouvement des élections n'est qu'une rumeur de
taverne qui n'est pas entendue dans l'État.
La France ne peut se donner demain tous
ceux que cette île possède, et cependant la
France veut se régir par le gouvernement représentatif. Faisons donc tout ce que la provi-
dence nous permet, en donnant aux lois de
ce gouvernement tout ce qu'elles peuvent admettre de repos et de hiérarchie : voilà le ca-

chet auquel nous reconnaîtrons leur famille.

Si donc il s'agit d'un système électif, nous y chercherons la paix, la solidité, la stabilité bien plus que le nombre et la fréquence des assemblées. Nous penserons qu'il s'agit moins de l'intérêt du grand nombre à exercer des droits en France, que de l'intérêt de la France à ce que le grand nombre n'en exerce pas. Nous dirons donc à la classe laborieuse, qui paye 5o fr. d'impôt : « Bêchez, épargnez, vivez dans le travail et vieillissez dans l'aisance. » Nous dirons aux honnêtes fermiers : « Labourez, semez, améliorez vos champs, enrichissez vos familles. » Nous dirons aux bons marchands : « Fabriquez, détaillez, faites renaître la confiance et prospérer le commerce. » Nous dirons aux dignitaires des petites villes : « Fidèles notaires, éloquents avocats, juges intègres, soignez vos études, défendez l'orphelin, distribuez la justice ; nul de vous ne peut quitter ses fonctions pour servir l'État, sans que l'État en souffre. Vous faites pour lui tout ce que vous devez faire, tout ce qu'il vous demande. Nous ne vous interdirons pourtant pas les chances de la politique ; mais dans une chose si élevée, nous ferons les conditions si élevées, qu'elles ne vous rencontreront qu'au sommet de votre hiérarchie... Mais vous, qui êtes riches en terres, en maisons; vous, sur qui l'État a hypothèque, qui donnez base à la confiance et dont les cautions sont au soleil; vous, qui valez peut-être moins que les autres; mais dont, si on ne peut juger les cœurs, on peut arpenter les terres; vous tenez la plus grande partie de l'État, portez donc ses plus grands fardeaux; soignez ses plus grands intérêts : votre intérêt propre nous répondra des siens. »

Voici maintenant quel serait le plan de la loi que je proposerais à la chambre des députés, si j'avais l'honneur d'y siéger.

§ Ier. *Des Électeurs.*

ART. Ier. *Seront électeurs,* 1°. Les pairs domiciliés dans l'étendue du département. 2°. Les archevêques et évêques. 3°. Les présidents des cours royales. 4°. Les plus forts imposés dans la contribution foncière en France, au nombre au moins de 80 et au plus de 150. (*Nota.* Leur nombre, pour chaque département, sera déterminé à la suite de la présente loi). 5°. Les plus forts imposés dans la classe commerçante, à concurrence d'un dixième des électeurs de l'art. 4, ayant leurs établissements de commerce dans l'étendue du département.

6°. Les personnes désignées par le Roi lors de chaque nouvelle élection, jusqu'à concurrence d'un dixième des électeurs de l'art. 4.

(*Réflexion.* Cette réserve de l'art. 6 a pour but d'admettre, à la volonté du Roi, des serviteurs ruinés à son service, qui ne pourraient remplir les conditions exigées).

Art. II. *Conditions.* Nul ne pourra exercer les fonctions d'électeur s'il n'est Français, domicilié dans le département, et âgé de 25 ans.

Art. III. *Militaires.* Les militaires, réunissant les conditions exigées, ne pourront s'exempter ni être détournés de leurs fonctions électorales sous prétexte de service militaire, hors le cas d'une guerre où ils feraient un service actif; et, dans ce cas, ils en justifieront par attestation de leurs chefs.

(*Réflexion.* Les militaires n'ont pas plus de titres pour être exempts des fonctions politiques, que les magistrats, les fonctionnaires, etc.).

Art. IV. *Durée des fonctions.* Les fonctions des électeurs commenceront aussitôt qu'ils commenceront à posséder les conditions ci-dessus exigées; elles cesseront quand lesdites conditions viendront à leur manquer; elles se perdront, en outre, par l'absence de trois élections sans justification d'empêchement dirimant.

Art. V. *Motifs d'exclusion.* Ne pourront

être électeurs dans le département où ils exercent leurs fonctions, 1°. le préfet; 2°. le com-
mandant militaire. Ne pourront l'être en aucun
collége, savoir : temporairement, 1°. les comp-
tables envers le fisc, jusqu'à ce qu'ils aient jus-
tifié de leur décharge définitive; 2°. les personnes
en état d'interdiction, d'accusation, de contu-
mace, etc. (Voyez l'art. 23 du *Projet des
ministres*); et pour la vie, 1°. ceux qui sont
frappés de condamnations qui emportent la
perte des droits civils, même à temps ; 2°. les
débiteurs faillis. (Voyez l'art. précité.)

Art. VI. *Formation et réformation des listes
d'électeurs*. La liste des électeurs d'un département sera commencée pour les prochaines
élections, six mois avant l'époque de l'élection,
hors le cas de dissolution de la chambre, dont
il sera parlé ci-après.

Elle sera formée, cette première fois, par une
commission de six membres, choisie par le
préfet dans le conseil du département, et pré-
sidée par lui.

Quinze jours au plus tard après l'ouverture
de la liste, il sera donné connaissance de ladite
ouverture, par affiche, à la porte de chaque
paroisse du département. Cette publication
contiendra, 1°. l'époque de la réunion du collége;
2°. l'indication des conditions à remplir et des

motifs d'exclusion ; 3º. celle de la marche à
tenir pour justifier de ses titres à la commission,
dans le délai de six semaines.

La commission, ayant réuni toutes les justifications transmises, fera, s'il y a lieu, un nouvel
appel pour les titres incomplets ou non encore
fournis.

Enfin, au bout de trois mois au plus tard, à
dater de l'ouverture des listes, elle prononcera
sur les droits des concurrents, sauf leur recours
au collége électoral, et formera la liste des
électeurs en les classant suivant l'ordre indiqué
dans l'article Ier. A l'égard de la première
classe, elle les enregistrera par leur rang de
pairie. A l'égard de la quatrième et de la cinquième classes, elle les enregistrera par premier
et dernier, suivant le montant de leur contribution.

Cette liste sera close à la fin du quatrième
mois; et, aussitôt après, il en sera adressé un
exemplaire à chaque électeur, et un à chaque
maire pour être publié.

Les réclamations subséquentes qui pourront
survenir, seront portées au jugement du collége
électoral.

Le manque de production par celui qui a
droit aux fonctions d'électeur, ne lui en fera

pas perdre le titre, mais en suspendra l'exercice dans la session suivante.

La commission dressera, en outre et dans le même ordre, une liste supplémentaire des plus imposés des quatrième et cinquième classes, après ceux inscrits sur la liste principale. Cette liste sera de la moitié du nombre inscrit sur l'autre.

(*Réflexion*. Cet article a pour but de suppléer au déficit éventuel d'un collége, et de pourvoir à ce que le département ne puisse pas être exposé à perdre sa députation.)

Cette opération fondamentale étant faite, les travaux qui auront lieu par la suite, avant chaque élection, se borneront à la revision et reformation des listes. Ils seront faits par un bureau pris dans le sein du collége électoral, et dont il sera parlé ci-après.

La revision et réformation commenceront, dans les cas de renouvellement périodique, quatre mois avant l'élection ; et dans ceux de dissolution, deux mois avant s'il se peut.

Il y sera procédé de la même manière que ci-dessus ; et, au moyen des nouvelles justifications demandées, tous ceux qui, dans l'intervalle des élections, auraient cessé de posséder les conditions exigées, seraient rayés de la liste; tous ceux qui les auraient acquises y seraient inscrits en leur classe; enfin l'ordre des électeurs des quatrième et cinquième classes sera rectifié, s'il y a lieu.

Il y aura également appel du bureau au collége.

(*Réflexion.* Ces détails sont longs et fastidieux, j'en conviens, mais je me crois obligé d'appuyer beaucoup sur ce qui tient à l'ordre et à l'importance d'un corps, qui me paraît être, ou devoir être, au moins politiquement, ce qu'il y a en France de plus auguste après le Roi et les chambres.)

§ II. *Des Colléges électoraux.*

ART. VII. *Lieu de leur réunion.* Les colléges électoraux auront, au chef-lieu du département, un lieu fixe et convenablement distribué pour la tenue de leurs séances.

Néanmoins, le Roi pourra, dans des cas extraordinaires, et dont il sera juge, indiquer leur réunion dans une autre ville.

ART. VIII. *Époque de leur réunion.* Ils se réuniront, sauf dans le cas de dissolution, deux mois avant l'ouverture de la session de la chambre. Le jour de leur convocation sera déterminé par le Roi.

ART. IX. *Présidence.* Le président sera

nommé par le Roi dans les cinq premières classes de la liste principale des électeurs du collége.

ART. X. *Police.* Le président exercera seul, au nom de l'assemblée, la police du collége, etc.

Les séances du collége ne seront pas publiques.

ART. XI. *Durée des sessions.* La session du collége ne peut durer plus de vingt jours, sauf le cas prévu ci-après.

ART. XII. *Opérations du collége.* Le collége ne sera constitué que quand il contiendra au moins les deux tiers du nombre total des électeurs inscrits sur la liste.

Le collége constitué, ayant nommé son secrétaire et ses scrutateurs, procédera, par la même voie, à choisir dans son sein un bureau, qui sera composé ainsi qu'il suit : 1°. les pairs domiciliés ; 2°. les évêques et archevêques; 3°. les présidents de cours royales ; 4°. trois électeurs de chaque arrondissement, pris dans la quatrième classe ; 5°. deux électeurs de la cinquième classe.

Le collége procédera ensuite à la nomination des députés, lesquels seront élus à la majorité du nombre d'électeurs composant le collége, tel qu'il aura été constaté avant de procéder à ladite nomination, et sans qu'il puisse être moindre que les deux tiers de la liste électorale.

Si dans les trois jours qui suivront l'ouver=
ture du collége il ne se trouve pas en nombre
suffisant pour se constituer, il s'ajournera à
huitaine ; et, dans ce cas, la session sera pro-
longée de 20 jours à 30.

Les électeurs absents perdront leur droit de
vote à cette élection, à moins qu'avant la nomination des députés, ils ne justifient d'un
empêchement dont le collége jugera.

Le bureau prendra sans désemparer, dans
la liste supplémentaire, et par rang de plus
imposé, le nombre d'électeurs manquant pour
former le *quantùm* des deux tiers, et dix en
surplus.

Il remettra dans le jour cette liste au préfet
qui convoquera les suppléants appelés.

(*Réflexion.* Cette partie de la loi n'est pas
facile. On peut proposer mieux, et j'en serai
fort aise, pourvu qu'on ne s'écarte pas de l'esprit de cet article et de celui des suppléments
de listes électorales qui tendent à empêcher
que, par des événements imprévus, un collége ne soit exposé à manquer ses nominations.
La loi doit regarder, comme très important,
qu'un département ne perde pas sa députation ;
qu'elle ne soit pas incomplète ; qu'elle ne soit
même pas exposée à le devenir : c'est à quoi

pourvoit l'article 18 des députés suppléants ci-après.)

Le collége juge sur les rapports du bureau, et, sauf le recours à la chambre des députés, toutes les questions et réclamations relatives aux droits des électeurs.

Si des dénonciations graves d'intrigues et influences extérieures sont faites au collége ; dans le cas où elles seraient appuyées de quatre électeurs témoins ou de preuves écrites, il en sera fait mention en son procès-verbal pour être transmises à la chambre.

§ IIIe. *De la nomination des députés.*

ART. XIII. *Nombre des députés.* Chaque collége élira le même nombre de députés que pour la session de 1816.

(*Réflexion.* Il serait à desirer que chaque collége pût nommer au moins trois députés ; mais, pour que le nombre total cadrât avec celui voulu par la charte, il faudrait une autre circonscription de provinces, ce qui ne peut résulter par la suite que d'une refonte de l'administration.)

ART. XIV. *Conditions exigées.* Nul député ne peut être élu, s'il n'est âgé d'au moins 30 ans, Français, et domicilié dans le département.

Art. XV. *Députés contribuables.* La moitié au moins des députés, ou la portion la plus forte, si leur nombre est impair, sera prise dans la principale liste électorale.

Ils seront tenus de justifier de 3ooo fr. de contribution.

La justification des contributions sera faite ainsi qu'il est dit art. 37 et 38 du projet des ministres.

Art. XVI. *Députés non contribuables.* Le collége aura la faculté d'élire le surplus du nombre de ses députés, sans justification de contributions, et dans ou hors la liste électorale, pourvu qu'ils possèdent les conditions exigées par l'art. 14 ci-dessus.

Art. XVII. *Réélections.* Il peut réélire indéfiniment les députés des sessions précédentes.

Art. XVIII. *Suppléants.* Le collége nommera en outre, mais seulement dans la liste électorale, un nombre de suppléants égal à la moitié du nombre de ses députés, ou à la plus forte partie s'il est impair.

Les suppléants ne sont tenus de justifier que de 2000 fr. de contribution.

Ils remplaceront, par ordre de numéros, les députés élus, soit en cas de refus de leur part après l'expiration du temps fixé pour l'élection, soit en cas d'empêchement dirimant, et cette faculté aura lieu pendant toute la durée de la chambre.

Art. XIX. *Motifs d'exclusion.* Ne pourront être nommés députés, par un département, les personnes qui présenteraient les titres d'exclusion mentionnés en l'article 5.

(*Réflexion.* Je n'en dis pas davantage sur les députés, parce qu'il n'entre pas dans le plan d'une loi sur les corps électoraux de les suivre au-delà du collége électoral).

§. IV. *Du bureau.*

Art. XX. *Sa composition.* Le bureau sera composé comme il a été dit en l'article 12 ci-dessus. Il pourra être augmenté par une loi subséquente.

Art. XXI. *Sa durée.* Il subsistera après la clôture du collége et dans l'intervalle de ses réunions.

Il aura des sessions réglées, dans l'intervalle desquelles un nombre déterminé de ses membres résidera au chef-lieu du département pour l'expédition des affaires.

Art. XXII. *Ses fonctions.* Il formera le conseil du département.

Il dirigera les opérations relatives aux colléges électoraux.

Il composera de droit le bureau des colléges subséquents, sans qu'il y ait lieu à renouvellement, sauf le cas de remplacement nécessaire.

Il peut dresser des instructions pour les députés, les leur transmettre, et correspondre avec eux.

Ses fonctions sont gratuites.

Elles seront plus particulièrement déterminées, et pourront être étendues par une loi subséquente.

———

Une ordonnance du Roi réglera la partie organique de la présente loi.

Telles sont, M., mes idées sur une loi d'élection en France; et, quoique j'aie donné bien de l'étendue à ce projet, je ne me dissimule pas que beaucoup de dispositions y manquent, et que lui, et peut-être tout autre, ne peut se considérer que comme un aperçu à mûrir et à déveloper avec le temps et l'expérience.

Tel qu'il est, je ne doute pas qu'il ne vous frappe par une tendance à la concentration, à l'unité, à la durée, tranchons le mot, *à l'aristocratie*, dont le mot est resté pour beaucoup de gens un épouvantail, quoique la chose soit devenue pour tous une sauve-garde. Aussi suis-je loin de me flatter que tout le monde partage mes idées. N'importe, si elles ne produisent pas aujourd'hui, elles seront au moins semées pour l'avenir. Je ne vous les présente cependant que comme provisoires : c'est vous confesser que mes systèmes sur la solidité et les fonctions des corps électoraux s'étendent encore plus loin. Elles se rattachent, en effet, à une base plus profonde, plus grande, plus politique, et telle que la France les demande en plus d'un genre. Vous pouvez apercevoir, dans l'institution d'un bureau électoral, le germe d'une administration provinciale, tendant à détruire l'hydre de la centralisation, à opérer une révolution d'ordre et d'économie dans la machine administrative, etc. Je vous entretiendrai peut-être un jour de ces idées ; pour aujourd'hui, c'est assez de m'être résigné au titre d'exagéré, sans vouloir qu'on y joigne celui de visionnaire.

On dira peut-être que je prive du droit d'élire beaucoup d'honnêtes gens qui en avaient contracté l'habitude. Cette habitude était rare, à dire vrai ; mais, M., rendons-leur plus de justice. Ce droit était une charge, et rien de plus, pour dix neuf sur vingt qui élisaient gratis pour le service des autres ; ils le perdront tous sans regret, beaucoup avec joie. On ne sait pas, ou on ne veut pas avoir l'air de savoir, combien, sauf pour quelques mauvaises têtes,

Je *droit* de se reposer est dévenu le seul pré-
cieux en France.

Je dois repousser une dernière objection. Le
rapporteur de la commission a dit avec saga-
cité, « que l'existence temporaire des électeurs
pourrait admettre la chance d'une nouvelle
composition du collége, dans le cas où la
chambre viendrait à être dissoute ; en sorte
que l'appel, que le Roi ferait à l'opinion de la
France, ne se trouverait pas annullé par le recours forcé aux mêmes électeurs. »

Ce raisonnement peut être vrai ; mais il ne
peut l'être que dans un temps de révolution.
Or, ce n'est pas sur des tremblements de terre
qu'on base des lois de repos et d'éternité. Si
nous taillons les institutions qui durent sur la
mesure du moment présent, il ne faut placer
en viager ni sur elles, ni sur nous. Dans tout
Etat paisible, il n'y a qu'une opinion de *droit*,
comme l'a très bien dit M. Maine de Biran ;
ainsi, à moins qu'on ne veuille en consulter
une autre, c'est-à-dire rentrer dans la démocratie, il arriverait toujours que, sauf de légères
nuances, on appellerait à d'autres juges, sans
appeler à d'autres opinions ; et, pour appeler à
d'autres juges, que d'instabilité ! que d'intrigues ! que de corruption jusque dans les
chaumières ! que d'ambitions à réveiller ! que

d'inconvénients à admettre, dont le moindre serait l'institution des assemblées de canton ! Et toutes ces semences de discorde, toutes ces variations, pourquoi ? Pour obtenir une variation qui est elle-même un mal dans un Etat réglé, et l'avant-coureur de son trouble. Ne vaut-il pas mieux s'en tenir à la vraie vérité, à la vérité de tout temps et de tout pays, qui est que les corps puissants, solides et respectés, sont, par leur propre intérêt, les appuis de la monarchie ; que par conséquent l'opinion, qui en émane, est naturellement monarchique ; qu'elle est d'autant meilleure qu'elle est plus invariable, et d'autant plus invariable qu'ils sont moins sujets à changement, et arriver ainsi au résultat utile par un principe juste qui le cloue à demeure, au lieu de s'y guinder par un échafaudage qui l'entraînera dans sa chute.

Enfin, faites un système électoral pour la foule. Ayez beaucoup d'électeurs, beaucoup d'ambitions, peu de fortunes, point d'hiérarchie, et vous ne sortirez plus de ce cercle vicieux : une mauvaise loi d'élections vous donnera une mauvaise chambre, et celle-ci vous donnera une plus mauvaise loi d'élections, qui vous rendra une plus mauvaise chambre. Il est vrai que si votre but est d'être absolu, il sera rempli : vous trouverez des révolutionnaires , par conséquent des esclaves ; vous aurez des corps , des assemblées de cire , sans volonté , sans résistance, soumises au Roi, soumises à la ligue, soumises à l'illégitimité , au gouvernement de fait, à la ruine de la religion, etc. , etc. Mais voulez-vous de l'honneur, du patriotisme, de la dignité, de la constance ? souffrez donc de la fermeté, de la solidité , de l'indépendance, et risquez la force qui résiste pour avoir la force qui soutient.

RÉSUMÉ.

Je crois, M., avoir rempli mon engagement en parcourant avec vous les points qui touchent plus spécialement à l'existence de la chambre des députés, et qui ont pour objet de l'affermir sur ses bases constitutionnelles. Je n'ajouterai plus que peu de mots sur ce sujet. Ce ne sera pas, comme vous le pensez bien , pour discuter avec vous la nature de la chambre et entrer ici en lice avec les pamphlets et les articles de journaux qui ont hérité, de Burke et de Montesquieu , le droit exclusif de résoudre les problêmes politiques. J'avoue que si on avait le temps ou le courage de rire, on y trouverait peut-être plus de matière dans ce temps solennel, que dans les jours les plus riants de la France ; car, quand on déraisonne pour rire, on est bien moins plaisant que quand on déraisonne pour raisonner : c'est quand il y a plus de docteurs que de disciples, quand on a un code dans la tête avant d'avoir de la barbe au menton, quand on régente l'État sans y avoir pignon sur rue, quand la morale, la législation, l'économie publique catéchisent pour quinze sous, quelquefois gratis, sur tous les éventaires politiques ; enfin quand la folie

Endosse l'écarlate et se fourre d'hermine,

qu'elle commence à être véritablement comique : Molière en eût fait son profit, et *les Hommes savants* ne seraient sûrement pas son plus mauvais ouvrage ; mais le mal est que, pour rire, il faut lire, et c'est acheter trop cher un moment de gaîté. D'ailleurs, aujourd'hui les choses sérieuses remplissent l'esprit, quelquefois serrent le cœur ; et l'homme qui, comme vous, doit répondre pour sa part des destins de sa patrie, n'a guère le temps de rire ou de se fâcher de ces niaiseries spéculatives. Que lui importe, en effet, qu'on s'amuse dans l'école à nier ou à affirmer le mouvement, à discuter si les chambres sont le représentant de la nation ou le conseil de la couronne, etc... quand il tient du Roi le droit de faire la loi , d'accorder l'impôt et d'accuser les ministres ?

Je veux plutôt, Monsieur, finir par vous parler de la charte, et vous dire, dans toute ma conscience, que tout député de bonne foi et de bonne intention doit s'y attacher , non des lèvres , mais de tout son être; que chacun d'eux doit scrupuleusement éviter tout mot, toute idée qui en atténue le respect; car la malveillance ramasse les paroles perdues, et en fait des montagnes contre la chambre. D'ailleurs, si cette charte n'est pas parfaite, celle d'Angleterre l'est moins encore; nulle création humaine ne l'est, et la rage de la perfection est une illusion donnée du ciel pour nous perdre. Les lois n'ont qu'une vraie perfection, ce sont les bases qui les supportent et le temps qui les sanctifie : posons les unes, c'est le travail de l'homme, et laissons venir l'autre, qui est l'œuvre de Dieu. Vous devez ici foi à mon opinion, car elle n'est point suspecte. Je suis royaliste depuis 27 ans, et il y a un an je l'étais encore sans la Charte. Je pensais, je l'avoue, que d'autres institutions seraient mieux en harmonie avec nos mœurs : la sagesse du Roi m'a appris à me défier de la mienne, et j'en suis venu à penser que toute loi d'État, et à plus forte raison une loi sage, peut convenir aux mœurs d'un peuple quand elle est soutenue des institutions qui lui sont analogues. D'ailleurs, et ces mœurs et le caractère national ont péri partout, hors chez les royalistes, qui, étant restés à part de la révolution, n'ont pu altérer leur type. Eux seuls ont donc un effort à faire, et quel effort leur coûta jamais pour ces deux mots, Roi et patrie ! Enfin, quelle qu'elle pût être cette loi, elle est donnée par leur Roi ; ils l'ont reçue et jurée (eux, qui ne prêtent pas deux serments) ; ils siégent par elle : rien sous le ciel n'a des titres plus sacrés. Qu'ils donnent donc, ceux qui ne l'ont point aimée, ce sage exemple de s'y rallier de bonne foi, et que dans ce temps d'étonnants contrastés, ils la défendent, s'il le faut, contre ces hommes qui, après d'avoir exaltée quand elle leur était une sauve-garde, la déprécient ou l'altèrent quand elle peut leur devenir un frein.

D'après les opinions que je vous ai vu professer l'an passé, Monsieur, je dois présumer, qu'à moins que les plans du ministère ou l'esprit de quelques députés n'aient changé, vous siégerez cette année dans la minorité. Je vous en félicite : la mer est bien forte, et on est heureux, quoique embarqué sur le même vaisseau, de n'avoir pas à diriger la manœuvre.

Vous plaiderez pour le bien de l'État sans en répondre : on ne vous imputera pas de faire le mal de la France ; vous ne vous imputerez point de ne le pas réparer. Faire son devoir est un succès sans bruit, mais sans incertitude : c'est le seul que chaque homme soit toujours sûr d'atteindre, et, quand la vertu d'aller au-delà peut lui être imputée à crime, il doit bénir le ciel qui la lui refuse.

Dans une autre lettre je vous reparlerai peut-être de cette minorité ; mais surtout je vous entretiendrai des institutions françaises qu'appelle la charte, et dont il importe de s'occuper.

J'ai l'honneur d'être, etc.

FIN.